Carnet d'entretien

Nom du propriétaire du véhicule :

____

Marque du véhicule :

____

Modèle :

____

Année :

____

N° d'immatriculation :

____

Date:	Kilométrage:	Vidange	Filtre à huile	Filtre à carburant	Filtre à air	Filtre d'habitacle		Commentaire:

Date:	**Kilométrage:**

Nature de l'intervention:

Commentaire:

Nom du garage:	**Prix:**

<table>
<tr><td>Date:</td><td colspan="2">Kilométrage:</td></tr>
<tr><td colspan="3">Nature de l'intervention:</td></tr>
<tr><td colspan="3">Commentaire:</td></tr>
<tr><td colspan="2">Nom du garage:</td><td>Prix:</td></tr>
</table>

Date:	**Kilométrage:**

Nature de l'intervention:

Commentaire:

Nom du garage:	**Prix:**

Date:

Kilométrage:

Nature de l'intervention:

Commentaire:

Nom du garage:

Prix:

<table>
<tr><td>Date:</td><td colspan="2">Kilométrage:</td></tr>
<tr><td colspan="3">Nature de l'intervention:</td></tr>
<tr><td colspan="3">Commentaire:</td></tr>
<tr><td colspan="2">Nom du garage:</td><td>Prix:</td></tr>
</table>

| **Date:** | **Kilométrage:** |

Nature de l'intervention:

Commentaire:

| **Nom du garage:** | **Prix:** |

Date:	**Kilométrage:**

Nature de l'intervention:

Commentaire:

Nom du garage:	**Prix:**

<table>
<tr><td>Date:</td><td colspan="2">Kilométrage:</td></tr>
<tr><td colspan="3">Nature de l'intervention:</td></tr>
<tr><td colspan="3">Commentaire:</td></tr>
<tr><td colspan="2">Nom du garage:</td><td>Prix:</td></tr>
</table>

Date:	**Kilométrage:**

Nature de l'intervention:

Commentaire:

Nom du garage:	**Prix:**

Date:	**Kilométrage:**

Nature de l'intervention:

Commentaire:

Nom du garage:	**Prix:**

Date:	Kilométrage:

Nature de l'intervention:

Commentaire:

Nom du garage:	Prix:

Date:	Kilométrage:
Nature de l'intervention:	
Commentaire:	
Nom du garage:	Prix:

Date:	Kilométrage:
Nature de l'intervention:	
Commentaire:	
Nom du garage:	Prix:

Date:	**Kilométrage:**

Nature de l'intervention:

Commentaire:

Nom du garage:	**Prix:**

<table>
<tr><td>Date:</td><td colspan="2">Kilométrage:</td></tr>
<tr><td colspan="3">Nature de l'intervention:</td></tr>
<tr><td colspan="3">Commentaire:</td></tr>
<tr><td colspan="2">Nom du garage:</td><td>Prix:</td></tr>
</table>

<table>
<tr><td>Date:</td><td colspan="2">Kilométrage:</td></tr>
<tr><td colspan="3">Nature de l'intervention:</td></tr>
<tr><td colspan="3">Commentaire:</td></tr>
<tr><td colspan="2">Nom du garage:</td><td>Prix:</td></tr>
</table>

Date:	**Kilométrage:**

Nature de l'intervention:

Commentaire:

Nom du garage:	**Prix:**

Date:	Kilométrage:

Nature de l'intervention:

Commentaire:

Nom du garage:	Prix:

Date:	Kilométrage:
Nature de l'intervention:	
Commentaire:	
Nom du garage:	**Prix:**

<table>
<tr><td colspan="2">Date:</td><td>Kilométrage:</td></tr>
<tr><td colspan="3">Nature de l'intervention:</td></tr>
<tr><td colspan="3">Commentaire:</td></tr>
<tr><td colspan="2">Nom du garage:</td><td>Prix:</td></tr>
</table>

Date:	Kilométrage:
Nature de l'intervention:	
Commentaire:	
Nom du garage:	**Prix:**

Date:	**Kilométrage:**

Nature de l'intervention:

Commentaire:

Nom du garage:	**Prix:**

| **Date:** | **Kilométrage:** |

Nature de l'intervention:

Commentaire:

| **Nom du garage:** | **Prix:** |

Date:	Kilométrage:

Nature de l'intervention:

Commentaire:

Nom du garage:	Prix:

Date:	**Kilométrage:**

Nature de l'intervention:

Commentaire:

Nom du garage:	**Prix:**

Date:	**Kilométrage:**

Nature de l'intervention:

Commentaire:

Nom du garage:	**Prix:**

Date:	**Kilométrage:**

Nature de l'intervention:

Commentaire:

Nom du garage:	**Prix:**

<table>
<tr><td>Date:</td><td>Kilométrage:</td></tr>
<tr><td colspan="2">Nature de l'intervention:</td></tr>
<tr><td colspan="2">Commentaire:</td></tr>
<tr><td>Nom du garage:</td><td>Prix:</td></tr>
</table>

Date:	**Kilométrage:**

Nature de l'intervention:

Commentaire:

Nom du garage:	**Prix:**

Date:	Kilométrage:
Nature de l'intervention:	
Commentaire:	
Nom du garage:	**Prix:**

<table>
<tr><td>Date:</td><td colspan="2">Kilométrage:</td></tr>
<tr><td colspan="3">Nature de l'intervention:</td></tr>
<tr><td colspan="3">Commentaire:</td></tr>
<tr><td colspan="2">Nom du garage:</td><td>Prix:</td></tr>
</table>

Date:	**Kilométrage:**

Nature de l'intervention:

Commentaire:

Nom du garage:	**Prix:**

<table>
<tr><td>Date:</td><td colspan="2">Kilométrage:</td></tr>
<tr><td colspan="3">Nature de l'intervention:</td></tr>
<tr><td colspan="3">Commentaire:</td></tr>
<tr><td colspan="2">Nom du garage:</td><td>Prix:</td></tr>
</table>

Date:	**Kilométrage:**
Nature de l'intervention:	
Commentaire:	
Nom du garage:	**Prix:**

Date:	**Kilométrage:**
Nature de l'intervention:	
Commentaire:	
Nom du garage:	**Prix:**

| **Date:** | **Kilométrage:** |

Nature de l'intervention:

Commentaire:

| **Nom du garage:** | **Prix:** |

<table>
<tr><td>Date:</td><td>Kilométrage:</td></tr>
<tr><td colspan="2">Nature de l'intervention:</td></tr>
<tr><td colspan="2">Commentaire:</td></tr>
<tr><td>Nom du garage:</td><td>Prix:</td></tr>
</table>

<table>
<tr><td>Date:</td><td>Kilométrage:</td></tr>
<tr><td colspan="2">Nature de l'intervention:</td></tr>
<tr><td colspan="2">Commentaire:</td></tr>
<tr><td>Nom du garage:</td><td>Prix:</td></tr>
</table>

Date:	**Kilométrage:**

Nature de l'intervention:

Commentaire:

Nom du garage:	**Prix:**

Date:	**Kilométrage:**

Nature de l'intervention:

Commentaire:

Nom du garage:	**Prix:**

<table>
<tr><td>Date:</td><td colspan="2">Kilométrage:</td></tr>
<tr><td colspan="3">Nature de l'intervention:</td></tr>
<tr><td colspan="3">Commentaire:</td></tr>
<tr><td colspan="2">Nom du garage:</td><td>Prix:</td></tr>
</table>

Date:	Kilométrage:
Nature de l'intervention:	
Commentaire:	
Nom du garage:	**Prix:**

| **Date:** | **Kilométrage:** |

Nature de l'intervention:

Commentaire:

| **Nom du garage:** | **Prix:** |

Date:	Kilométrage:

Nature de l'intervention:

Commentaire:

Nom du garage:	Prix:

Date:	Kilométrage:

Nature de l'intervention:

Commentaire:

Nom du garage:	Prix:

Date:	**Kilométrage:**

Nature de l'intervention:

Commentaire:

Nom du garage:	**Prix:**

Date:	**Kilométrage:**

Nature de l'intervention:

Commentaire:

Nom du garage:	**Prix:**

Date:	**Kilométrage:**

Nature de l'intervention:

Commentaire:

Nom du garage:	**Prix:**

Date:	**Kilométrage:**

Nature de l'intervention:

Commentaire:

Nom du garage:	**Prix:**

Date:	Kilométrage:
Nature de l'intervention:	
Commentaire:	
Nom du garage:	**Prix:**

<table>
<tr><td>Date:</td><td colspan="2">Kilométrage:</td></tr>
<tr><td colspan="3">Nature de l'intervention:</td></tr>
<tr><td colspan="3">Commentaire:</td></tr>
<tr><td colspan="2">Nom du garage:</td><td>Prix:</td></tr>
</table>

Date:	**Kilométrage:**

Nature de l'intervention:

Commentaire:

Nom du garage:	**Prix:**

Date:	Kilométrage:

Nature de l'intervention:

Commentaire:

Nom du garage:	Prix:

Date:	**Kilométrage:**

Nature de l'intervention:

Commentaire:

Nom du garage:	**Prix:**

Date:	Kilométrage:

Nature de l'intervention:

Commentaire:

Nom du garage:	Prix:

Date:	Kilométrage:

Nature de l'intervention:

Commentaire:

Nom du garage:	Prix:

Date:	**Kilométrage:**

Nature de l'intervention:

Commentaire:

Nom du garage:	**Prix:**

Date:	Kilométrage:
Nature de l'intervention:	
Commentaire:	
Nom du garage:	**Prix:**

Date:	**Kilométrage:**

Nature de l'intervention:

Commentaire:

Nom du garage:	**Prix:**

Date:	**Kilométrage:**

Nature de l'intervention:

Commentaire:

Nom du garage:	**Prix:**

<table>
<tr><td>Date:</td><td colspan="2">Kilométrage:</td></tr>
<tr><td colspan="3">Nature de l'intervention:</td></tr>
<tr><td colspan="3">Commentaire:</td></tr>
<tr><td colspan="2">Nom du garage:</td><td>Prix:</td></tr>
</table>

Date:	Kilométrage:

Nature de l'intervention:

Commentaire:

Nom du garage:	Prix:

<table>
<tr><td>Date:</td><td colspan="2">Kilométrage:</td></tr>
<tr><td colspan="3">Nature de l'intervention:</td></tr>
<tr><td colspan="3">Commentaire:</td></tr>
<tr><td colspan="2">Nom du garage:</td><td>Prix:</td></tr>
</table>

<table>
<tr><td>Date:</td><td colspan="2">Kilométrage:</td></tr>
<tr><td colspan="3">Nature de l'intervention:</td></tr>
<tr><td colspan="3">Commentaire:</td></tr>
<tr><td colspan="2">Nom du garage:</td><td>Prix:</td></tr>
</table>

Date:	Kilométrage:
Nature de l'intervention:	
Commentaire:	
Nom du garage:	**Prix:**

Date:	**Kilométrage:**
Nature de l'intervention:	
Commentaire:	
Nom du garage:	**Prix:**

Date:	Kilométrage:
Nature de l'intervention:	
Commentaire:	
Nom du garage:	**Prix:**

Date:	Kilométrage:
Nature de l'intervention:	
Commentaire:	
Nom du garage:	**Prix:**

Date:	**Kilométrage:**

Nature de l'intervention:

Commentaire:

Nom du garage:	**Prix:**

Date:	**Kilométrage:**

Nature de l'intervention:

Commentaire:

Nom du garage:	**Prix:**

Date:	**Kilométrage:**

Nature de l'intervention:

Commentaire:

Nom du garage:	**Prix:**

<table>
<tr><td>Date:</td><td colspan="2">Kilométrage:</td></tr>
<tr><td colspan="3">Nature de l'intervention:</td></tr>
<tr><td colspan="3">Commentaire:</td></tr>
<tr><td colspan="2">Nom du garage:</td><td>Prix:</td></tr>
</table>

Date:	**Kilométrage:**

Nature de l'intervention:

Commentaire:

Nom du garage:	**Prix:**

Date:	Kilométrage:

Nature de l'intervention:

Commentaire:

Nom du garage:	Prix:

Date:	Kilométrage:
Nature de l'intervention:	
Commentaire:	
Nom du garage:	**Prix:**

Date:	Kilométrage:
Nature de l'intervention:	
Commentaire:	
Nom du garage:	**Prix:**

<table>
<tr><td>Date:</td><td colspan="2">Kilométrage:</td></tr>
<tr><td colspan="3">Nature de l'intervention:</td></tr>
<tr><td colspan="3">Commentaire:</td></tr>
<tr><td colspan="2">Nom du garage:</td><td>Prix:</td></tr>
</table>

Date:	**Kilométrage:**

Nature de l'intervention:

Commentaire:

Nom du garage:	**Prix:**

Date:	**Kilométrage:**

Nature de l'intervention:

Commentaire:

Nom du garage:	**Prix:**

Date:	**Kilométrage:**

Nature de l'intervention:

Commentaire:

Nom du garage:	**Prix:**

Date:	Kilométrage:
Nature de l'intervention:	
Commentaire:	
Nom du garage:	**Prix:**

Date:	Kilométrage:
Nature de l'intervention:	
Commentaire:	
Nom du garage:	Prix:

Date:	Kilométrage:

Nature de l'intervention:

Commentaire:

Nom du garage:	Prix:

Date:	**Kilométrage:**

Nature de l'intervention:

Commentaire:

Nom du garage:	**Prix:**

Date:	Kilométrage:
Nature de l'intervention:	
Commentaire:	
Nom du garage:	**Prix:**

Date:	Kilométrage:

Nature de l'intervention:

Commentaire:

Nom du garage:	Prix:

Date:	Kilométrage:

Nature de l'intervention:

Commentaire:

Nom du garage:	Prix:

Date:	Kilométrage:

Nature de l'intervention:

Commentaire:

Nom du garage:	Prix:

Date:	**Kilométrage:**

Nature de l'intervention:

Commentaire:

Nom du garage:	**Prix:**

Date:	Kilométrage:
Nature de l'intervention:	
Commentaire:	
Nom du garage:	**Prix:**

Date:	Kilométrage:
Nature de l'intervention:	
Commentaire:	
Nom du garage:	**Prix:**

Date:	Kilométrage:
Nature de l'intervention:	
Commentaire:	
Nom du garage:	**Prix:**

Date:	Kilométrage:
Nature de l'intervention:	
Commentaire:	
Nom du garage:	**Prix:**

Date:	**Kilométrage:**

Nature de l'intervention:

Commentaire:

Nom du garage:	**Prix:**

<table>
<tr><td>Date:</td><td colspan="2">Kilométrage:</td></tr>
<tr><td colspan="3">Nature de l'intervention:</td></tr>
<tr><td colspan="3">Commentaire:</td></tr>
<tr><td colspan="2">Nom du garage:</td><td>Prix:</td></tr>
</table>

<table>
<tr><td>Date:</td><td>Kilométrage:</td></tr>
<tr><td colspan="2">Nature de l'intervention:</td></tr>
<tr><td colspan="2">Commentaire:</td></tr>
<tr><td>Nom du garage:</td><td>Prix:</td></tr>
</table>

Date:	Kilométrage:

Nature de l'intervention:

Commentaire:

Nom du garage:	Prix:

<table>
<tr><td>Date:</td><td colspan="2">Kilométrage:</td></tr>
<tr><td colspan="3">Nature de l'intervention:</td></tr>
<tr><td colspan="3">Commentaire:</td></tr>
<tr><td colspan="2">Nom du garage:</td><td>Prix:</td></tr>
</table>

Date:	**Kilométrage:**

Nature de l'intervention:

Commentaire:

Nom du garage:	**Prix:**

Date:	**Kilométrage:**

Nature de l'intervention:

Commentaire:

Nom du garage:	**Prix:**

Date:	**Kilométrage:**

Nature de l'intervention:

Commentaire:

Nom du garage:	**Prix:**

<table>
<tr><td>Date:</td><td colspan="2">Kilométrage:</td></tr>
<tr><td colspan="3">Nature de l'intervention:</td></tr>
<tr><td colspan="3">Commentaire:</td></tr>
<tr><td colspan="2">Nom du garage:</td><td>Prix:</td></tr>
</table>

Date:	Kilométrage:

Nature de l'intervention:

Commentaire:

Nom du garage:	Prix:

Date:	Kilométrage:
Nature de l'intervention:	
Commentaire:	
Nom du garage:	**Prix:**

Date:	**Kilométrage:**

Nature de l'intervention:

Commentaire:

Nom du garage:	**Prix:**

Date:	Kilométrage:

Nature de l'intervention:

Commentaire:

Nom du garage:	Prix:

| **Date:** | **Kilométrage:** |

Nature de l'intervention:

Commentaire:

| **Nom du garage:** | **Prix:** |

Date:	Kilométrage:
Nature de l'intervention:	
Commentaire:	
Nom du garage:	**Prix:**